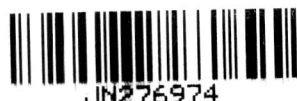

「こんなおやつだったら、子どもに食べさせたい」
おかあさんたちが考えて、選んだ、手作りおやつの本です。

子どもに食べさせたいおやつ

おかあさんの輪・著

暮しの手帖社

CONTENTS

第1章
毎日のおやつ

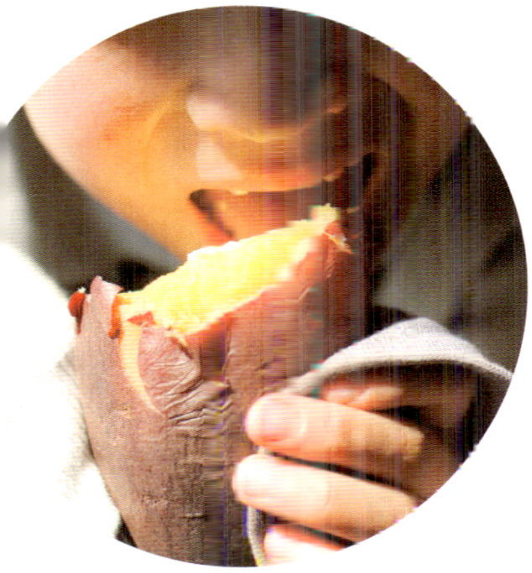

第2章

週末のおやつ

第3章

特別な日のおやつ

COLUMN

特別レポート

この本を使われる方に

● この本で使うカップは1カップ＝200ml、計量スプーンは大サジ1＝15ml、小サジ1＝5mlです。

● オーブンは、お手持ちのメーカーの使用説明書などをよくお読みのうえ、正しくお使いください。

● 焼き時間や温度はオーブンの機種によって異なりますので、レシピ内の数値はあくまでも目安にしてください。

● オーブンを使用する場合は、あらかじめ記載の温度に温めてください。

● 蒸し器を使用する場合は、あらかじめお湯を沸騰させてください。

● レシピとは別に、欄外に色字でコメントを掲載しています。これは、子どもを取り巻く「食」環境の現状についてもっと知ってもらいたい、という思いから調べたものです。ぜひご参考になさってください。なお、これらの情報についての参考資料は93頁に紹介しています。

第1章

毎日のおやつ

お昼寝から目覚めたときに、
幼稚園や小学校から帰ってきたときに、
にっこり笑顔で「ハイ、どうぞ」。
そんなおやつが57品。
材料は、いつもお家に置いてあるものばかり。
作り方も単純明快、パパッとできる!
もちろん、作り置きのできるものもあります。
これならきっと毎日3時が楽しみになるはず。

えだまめ

小さな一粒にビタミン&ミネラルがギュッ!

材料（4人分）
枝豆……………200g
塩……………大サジ2
水…………………1ℓ

1　枝豆を塩もみ（分量外）する。この後、洗い流さないこと。

2　沸騰した湯に塩を入れ、強火で枝豆を3～5分ゆでる。その後、ザルに上げ、うちわで冷ます。

ふかしいも

時間はかかるが、まるごと蒸かしたほうが甘味は強い

材料
さつまいも‥‥中1本（約300g）

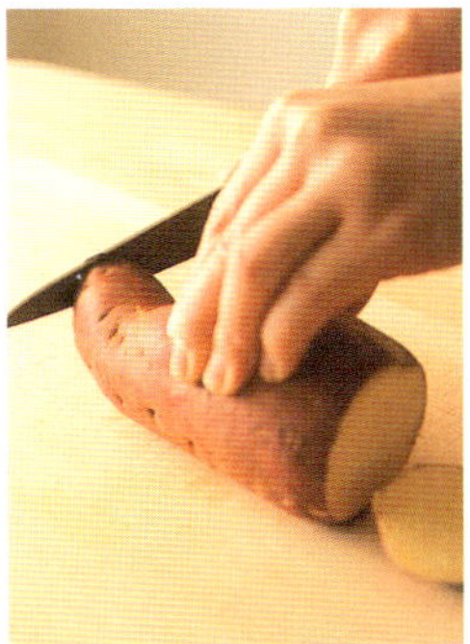

1　さつまいもを洗い、アクの強い両端を切り落とす。大きい場合は適当に切る。

2　蒸し器に入れて、中火で15分ほど蒸す。竹串がスーッと通ればOK。

農林水産省と厚生労働省によって決定された「食事バランスガイド」によれば、菓子・嗜好飲料の摂取目安は1日200kcal程度まで。せんべいなら3～4枚、ショートケーキなら小1コ。では、あなたの家ではどうでしょう?

とうもろこし

薄皮1枚を残して蒸すと、風味を閉じこめておいしさ倍増

材料
とうもろこし…………適量

1　とうもろこしのひげと皮をむいて洗う。最後の薄皮1枚は残しておく。

2　大きかったら、適当に切り、中火で10〜15分蒸す。粒が黄色く、ぷっくりしてきたら火を止める。

3　粒がシワシワにならないように、冷水にサッとくぐらせる。

ゆで栗

ゆでた栗を半分に切り、スプーンですくって食べて

材料
栗……………………適量
塩……………ひとつまみ
水……………………適量

1　洗った栗を鍋に入れ、ひたひたより少し多めの水を注ぐ。塩を加え、強火にかける。

2　沸騰したら弱火にし、30分ほどゆでる。火を止めたら自然に冷めるまでそのままにし、えぐみを取る。

菓子類に含まれている糖質はどのくらいでしょうか?
100gあたりで割り出すと、アイスクリーム(高脂肪)は22.4g、ミルクチョコレートは55.4g、ケーキドーナツは60.3g。

ばななんぼう

生地を混ぜるとき、手に油を塗っておくと、手にくっつかずラク

材料（4人分）
地粉（なければ国産薄力粉）
……………………50g
国産全粒粉…………50g
バナナ……1/2本（約50g）
塩……………………少々
菜種油（手に塗る分）
……………………適量

1　小さく切ったバナナ、地粉、全粒粉を手でよく混ぜ合わせる。

2　オーブンシートの上で生地を麺棒で薄く伸ばす。薄ければ薄いほどおいしい。

3　生地に塩をふり、軽く押さえる。その後、約1cm幅に切る。

4　天板に移し、カットした生地同士の間を少し空ける。180度のオーブンで12～15分焼く。

トマトマト

焼き加減は、トマトの水分が飛ぶくらいまで

材料（8～10枚分）
トマト………………中1個
地粉（なければ国産薄力粉）
……………………50g
国産全粒粉…………50g
水……………………50ml
塩……………………少々
はちみつ……………適量
ピザ用チーズ………適量

1　トマトは厚さ2～3mmの輪切りにする。

2　地粉、全粒粉、水をボウルに入れ、ひとかたまりになるまで混ぜ合わせる。

3　麺棒で厚さ2～3mmまで生地を伸ばし、コップなどで丸く型抜きする。トマトよりも少し大きい丸形のものがよい。

4　生地にトマトをのせ、塩をふる。その上からはちみつを回しかける。または、チーズをのせる。180度のオーブンで18～20分焼く。

ぱりぱり

薄〜く薄〜く生地を広げると、ぱりんとした歯触りに

材料（各20枚分）

＜黒みつ味＞

上新粉……………100g

水………………80ml

黒ごま……………40g

黒みつ……………適量

（作り方は41頁参照）

菜種油……………適量

＜塩味＞

上新粉……………100g

水………………80ml

塩……………小サジ1/2

小エビ（干）………大サジ3

青のり……………少々

菜種油……………適量

＜黒みつ味＞

1　上新粉、水、黒ごまをボウルに入れて、耳たぶぐらいのやわらかさになるまでこねる。

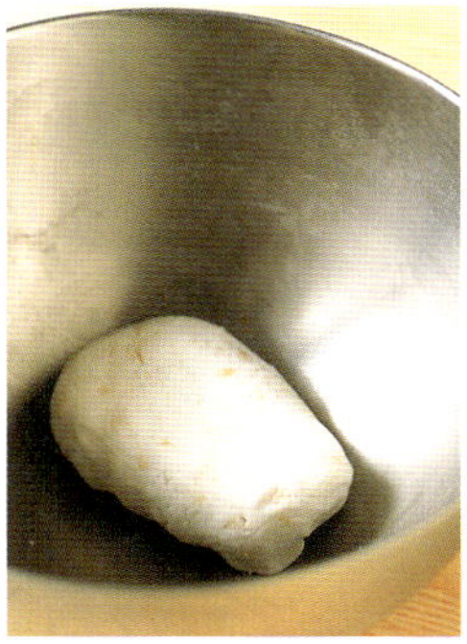

＜塩味＞

1　上新粉、水、塩、小エビをボウルに入れて、耳たぶぐらいのやわらかさになるまでこねる。

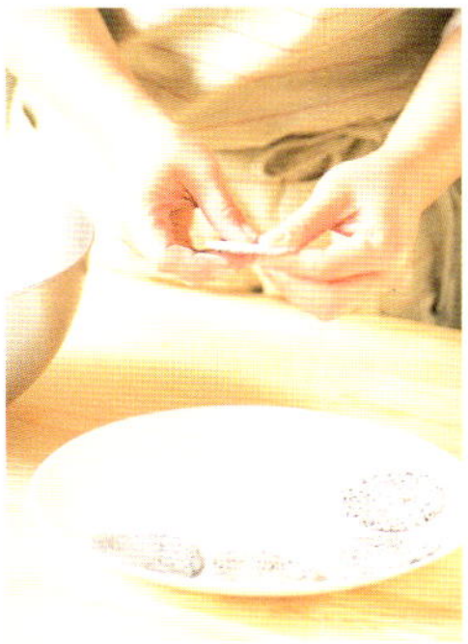

＜黒みつ味、塩味＞

2　ビー玉ぐらいの量を手に取り、潰して、薄く丸く広げる。

＜黒みつ味、塩味＞

3　薄く油を引いたフライパンで両面を焼く。黒みつ味の場合、黒みつをかける。塩味の場合、青のりをふる。

ほっくり大豆

大豆を煮ているとき、水が少なくなったら差し水を

材料

大豆……………150g

水……………4カップ

塩………………少々

青のり……………少々

1　4カップの水に大豆を一晩つけておく。

2　大豆と水をそのまま火にかけ、沸騰したらアクをすくう。指で潰せるほど大豆がやわらかくなるまで弱火で煮る。目安は約1時間。

3　大豆をザルに上げ、フライパンでから煎りする。水気がなくなったら、塩と青のりをふりかける。

豆乳黒ごまプリン

濃厚な黒ごまの味わい。子どもにはミニカップで

材料（6個分）
豆乳（無調整タイプ）……300ml
きび砂糖……20g
ゼラチン……5g
黒ごまペースト（無糖）
……大サジ2

1　豆乳ときび砂糖、黒ごまペーストを鍋に入れ、弱火でゆっくりかき混ぜながら温める

2　混ざったら火から下ろし、ふやかしたゼラチンを加えて溶かす。氷水にあてて冷まし、とろりとしたら器に入れ、冷蔵庫で固める。

<板ゼラチンの場合>
口が広く浅い容器にゼラチンを入れ、ひたひたの水でふやかす。

<粉ゼラチンの場合>
小さめのボウルに大サジ3の水を入れ、その中にゼラチンをふり入れ、ふやかす。

食材100gに含まれるカルシウムの量をチェック！　牛乳は110mg、ごまは1200mg（10gで120mg）、大根葉（生）は260mg。意外と、野菜類にもカルシウムは豊富に含まれているのです。

はちみつりんご

できたてのアツアツはもちろん、冷やしてもおいしい

材料（4人分）
りんご‥‥‥‥‥‥‥‥‥2コ
はちみつ‥‥‥‥大サジ2〜3

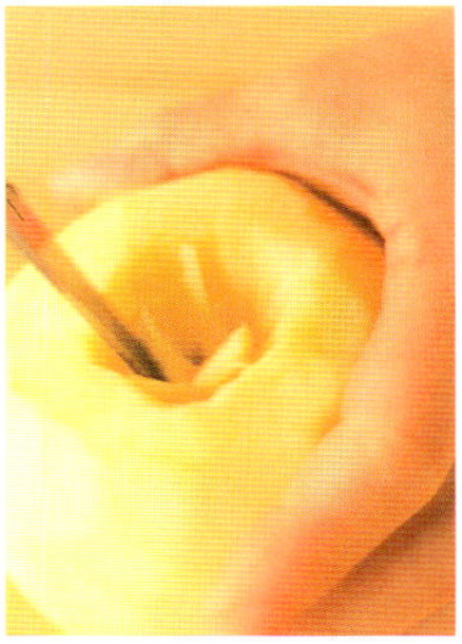

1　りんごの皮をむいて、プチナイフやスプーンなどで中ほどまでくり抜く。

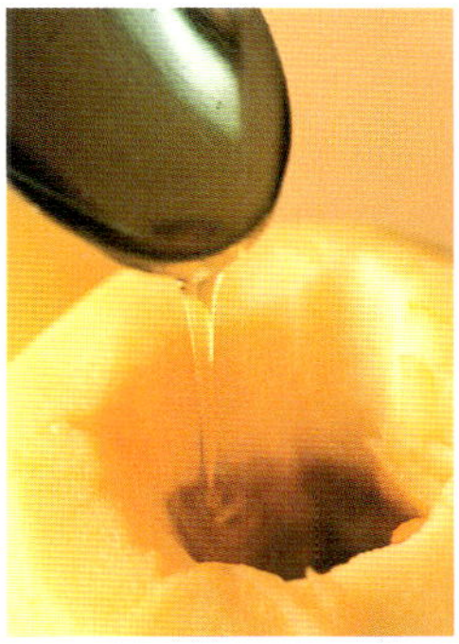

2　くり抜いたところにはちみつを入れる。りんご1コに対して、はちみつは大サジ1強が目安。

3　蒸し器に入れて、中火で15〜20分蒸す。食べるときは、6〜8等分に切り分ける。

大学いも

油がはねないように、水気はしっかりふき取ること!

材料(4人分)
さつまいも……中2本(約600g)
はちみつ……大サジ3〜4
黒ごま……適量
菜種油(揚げもの用)……適量

1　さつまいもを皮ごと乱切りにし、水にさらす。

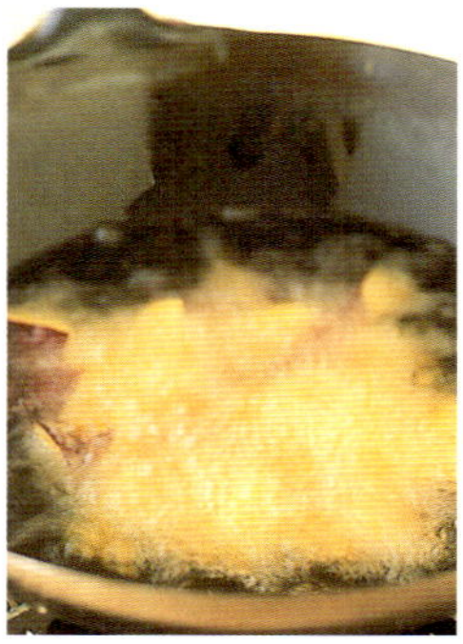
2　水気をふき取り、中温の油でじっくり揚げる。

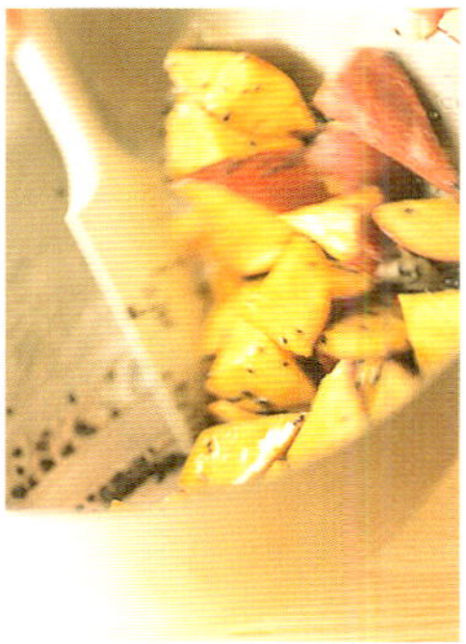
3　揚がったさつまいもに、はちみつと黒ごまを回しかけ、全体にからめる。

ごはんでおせんべい

冷やごはんは固まりにくいので、温めてから

材料(4人分)
ごはん……茶碗2杯
かつおぶし……10g
白ごま……大サジ2
菜種油(揚げもの用)……適量
塩……少々
青のり……少々

1　ごはん、かつおぶし、白ごまをよく混ぜる。8等分して、ラップにはさみ、麺棒で伸ばす。

2　中温の油できつね色になるまで揚げる。

3　仕上げに塩と青のりをふる。

[illegible]歳の脂肪摂取量の目安は50〜[illegible]gです。では、菓子類に含まれている脂肪量はどのくらいでしょうか?
100gあたりで割り出すと、フライドポテトは10.6g、アイスクリーム(高脂肪)は12g、ポテトチップスは35.2g。

玄米クッキー

カミカミ、たくさん噛むほどに味わいが。あごも鍛えられる

材料（4人分）
玄米……………………1合
国産薄力粉…………大サジ5
白ごま………………大サジ2
はちみつ……………大サジ4
菜種油（なければごま油）
……………………大サジ2
水……………………大サジ1
塩……………………少々
黒こしょう…………少々

1　玄米がパチパチと白く膨らむまでフライパンでから煎りする。

2　から煎りした玄米をミルミキサーで粉末状にする。フードプロセッサーやすりこぎを代用してもOK。

3　粉末状の玄米、薄力粉、白ごま、はちみつ、油をボウルに入れ、しっとりまとまるまで手で混ぜる。

4　オーブンシートの上に麺棒で薄く伸ばし、塩と黒こしょうをふり、切れ目を入れる。そのまま180度のオーブンで約10分焼く。

ほくほくぽてとフライ

じゃがいもは冷めてから皮をむくと、形が崩れず、切りやすい

材料（4人分）
じゃがいも…中3個（約300g）
塩……………………小サジ2
菜種油（揚げもの用）…適量

1　じゃがいもを皮付きのまるごとのまま、塩を入れた水で固めにゆでる。

2　じゃがいもが完全に冷めたら皮をむき、お好みの形に切る。

3　中〜高温の油でからりと揚げ、熱いうちに塩（分量外）をふる。

よく噛んで食べると唾液が出ます。唾液には胃液の分泌を促し、食べものの消化吸収を助け、免疫力を高める成分が含まれているため、病気の予防や健康の維持に役立ちます。

「手作りおやつはちょっと苦手…」　そんな人にぜひおすすめしたいのが、おにぎりです。ごはんをキュキュッと握る　それだけで最高の手作りおやつになります。

そもそも子どもにとっておやつというのは、おなかがすくから食べるもの。大人のように「ちょっと気分転換に」といった感覚とはちがいます。子どもの胃袋に小さいため、一度にたくさん食べることができません。一日三度の食事だけでは成長に見合う栄養を摂ることができないのです。だから、午後にもう一回食事の時間が必要になります。おやつが第四の食事といわれる理由はここにあります。「おにぎりがおやつなんて」と驚くなかれ。ごはんをおやつにするのは、理にかなったことなのです。

さらに、ごはん（＝米）は子どもの体に大切な働きもしてくれます。ご存じのように、米は炭水化物。これは脂質やタンパク質と同じく、人間の体に必要なエネルギー源ですが、3つの栄養素のなかで一番早くきれいに分解される、効率のよいエネルギー源といわれています。しかも、体にかかる負担が少ないというメリットも……。体も頭も存分に動かし、たくさんのエネルギーを消費する子ども

おいしい食材「米」

にとって、米は栄養学的な面からみても理想的な食材です。

そしてなにより米は私たち日本人にとってなじみの深い食材であることも忘れてはなりません。日本の風土に合った作物として、千年以上もの昔から主食として食べ続けられた米。言い換えれば、米はなによりも私たちの体に合った食材なのです。

塩むすび

シンプルがいちばん!
みんな大好き、基本のおにぎり

材料(2人分)
ごはん……………茶碗2杯
塩……………………適量
のり…………………適量
梅干し……………お好みで

1　両手を水でぬらしたら、塩をつけて、茶碗1杯分のごはんを取る。手前に5～6回まわしながら、空気を入れ込むようにほわっと握る。
2　のりを巻く。お好みで中に梅干しを入れてもいい。

いもにぎり

もち米をブレンドして
さつまいものほっくり感をアップ

材料(6人分・約12コ分)
米……………………2合
もち米………………1合
さつまいも‥中1本(約300g)
塩………………小サジ2
黒ごま………………適量

1　米ともち米を洗い、ザルに上げ、30分以上おく。
2　さつまいもの皮をむき、サイコロ状に切る。
3　米、もち米、塩と3合分の水を炊飯器に入れ、混ぜる。さつまいもを上にのせて普通に炊く。
4　炊き上がったごはんを握り、黒ごまを飾る。

海おにぎり

イカ、エビ、おかか
おなじみの海の幸がた～っぷり!

材料(2人分)
ごはん……………茶碗2杯
切りイカ…………大サジ1強
小エビ(干)………大サジ1
かつおぶし……………3g
みりん…………小サジ1/2
しょう油……………小サジ1

1　具の材料をフライパンに入れ、焦げないように弱火でから煎りする。
2　できあがった具をごはんにまんべんなく混ぜてから握る。

焼きおにぎり

こうばしい香りに誘われて……
アツアツを頬張ろう

材料(2人分)
ごはん……………茶碗2杯
ちりめんじゃこ……大サジ1
しょう油………………適量
菜種油…………………適量

1　ちりめんじゃこをごはんに混ぜて、固めにしっかりと握る。
2　よく熱したフライパンに油を薄く引き、おにぎりを片面ずつ弱火でじっくり焼く。
3　表面が固くなったら、刷毛でしょう油を塗り、裏返して、上面にも塗る、を2～3回くり返す。

コロコロコーン

人気のカレー味とコーンが合体!
見た目もキュート

材料(2人分)
ごはん……………茶碗2杯
粒状コーン……………50g
パウダー状カレー粉……適量
塩……………………適量

1　コーンとカレー粉をまんべんなくごはんに混ぜ合わせる。
2　手に塩をつけて、球状に丸く握る。

田舎おにぎり

大根の葉もしっかり食べよう!
昔なつかしい素朴な味わい

材料(2人分)
ごはん……………茶碗2杯
油揚げ………………1/2枚
大根葉………2本(約40g)
みりん……………大サジ1
しょう油…………小サジ2
菜種油…………………適量

1　油揚げは細かく切り、大根葉はみじん切りにする。
2　フライパンに油を引き、油揚げと大根葉を炒め、大根葉がしんなりしたら、みりんとしょう油を入れる。
3　できあがった具をごはんにまんべんなく混ぜてから握る。

ごまきなこむすび

意外な組み合わせ?
アレンジおにぎりの決定版!

材料(2人分)
ごはん……………茶碗2杯
白ごま……………大サジ1
きなこ……………大サジ1
塩……………………適量

1　白ごまを軽くから煎りした後、すり鉢でざっとする。このひと手間で香りがぐっと引き立つ。
2　白ごまときなこを混ぜ合わせ、ごまきなこを作る。
3　手に塩をつけて、俵型のおにぎりを作る。ごまきなこの中に入れて、転がしながらまぶす。

肉みそむすび

ごはんに好相性の肉みそ
ポロポロになるまでよく炒めて

材料(2人分)
ごはん……………茶碗2杯
鶏ひき肉……………50g
みそ…………………30g
みりん……………大サジ1
菜種油…………………適量

1　フライパンに油を少し引き、鶏ひき肉を炒める。色が変わったら、みりんで溶いたみそを加え、弱火で炒める。
2　できあがった具をごはんにまんべんなく混ぜてから握る。

黒みつ寒天、フルーツ寒天

常温でも固まるが、冷蔵庫を使えば、ひんやりと美味

材料

＜黒みつ寒天＞（4人分）

粉寒天…………………4g

水……………………500ml

＜黒みつ＞

黒砂糖…………………50g

水……………………50ml

＜フルーツ寒天＞

（直径18cmのエンゼル型1コ分）

粉寒天…………………4g

水……………………500ml

フルーツ（いちご、パイナップル、キウイなど）…………適量

きび砂糖…………大サジ2

1　鍋に水と粉寒天を入れて強火にかける。ゆっくりかき混ぜながら煮溶かし、寒天液を作る。

＜黒みつ寒天＞

2　寒天液を容器に入れ、冷蔵庫で固める。固まったら、お好みのサイズに切る。

＜黒みつ寒天＞

3　黒砂糖と水を鍋に入れ、弱火でとろみがつくまで煮溶かし、黒みつを作る。冷やした後、寒天にかける。

＜フルーツ寒天＞

2　きび砂糖を加えて寒天液を作る。型に流し、あら熱が取れたら、フルーツを入れ、冷蔵庫で固める。

バナナのシェーキー

バナナをしっかり冷凍しておくことがポイント

材料（2人分）

冷凍したバナナ……1本（約100g）

ヨーグルト…………大サジ3

豆乳（無調整タイプ）……100ml

バナナを1cm幅に輪切りにして冷凍しておく。すべての材料をミキサーにかけて、お好みのなめらかさに。

寒天はそのほとんどが食物繊維。100gあたり74.1gも含まれています。

フライパン

表面がカリッとするまで、じっくりと焼くのがポイント

材料（直径約20cmのフライパン1枚分）

地粉または国産全粒粉……200g
干しブドウ……60g
水……200ml
塩……ひとつまみ
菜種油……大サジ2

1　ボウルに地粉、干しブドウ、水、塩を入れ、よく混ぜる。

2　油を入れて温めたフライパンの中に、タネを入れる。

3　流し込んだら弱火にし、蓋をして10分ほど焼く。焼き色がついたら裏返して、同様に蓋をして焼く。

はちみつレモン

苦みが出るので、3〜4日後にはレモンを取り出して

材料

レモン……適量
はちみつ……適量

国産の低農薬や無農薬のものがおすすめ。

1　レモンは表面のワックスを落とすために、水洗いして、沸騰する直前のお湯（70度以上）に1分間つける。取り出してよく拭く。

2　薄い輪切りにしたレモンを密閉容器に入れ、はちみつをひたひたに注ぐ。翌日、ざっくり混ぜる。これを2〜3日くり返す。

熱いお湯を注ぐと「ほっとレモネード」

おなかによいといわれる乳酸菌飲料には、意外にも多くの糖質が含まれています。A社のある製品は、65mlあたり11.5g。1コ5gの角砂糖に換算すると、約2コが入っていることになります。（おかあさんの輪、メーカー取材）

まんまるクッキー

見た目はコロコロと愛らしいが、歯ごたえはしっかり

材料（12コ分）
国産薄力粉……………70g
黒砂糖…………………30g
白ごま…………………20g
ごま油…………………大サジ1
水………………………大サジ2

1　すべての材料をボウルに入れて、ひとかたまりになるまで混ぜ合わせる。

2　12コに分け、手で丸める。火の通りをよくするために、真ん中を少し潰す。

3　オーブンシートを敷いた天板にのせ、180度のオーブンで17〜20分焼く。

ごまは小さくても、ビタミンやミネラル、カルシウムを豊富に含んでいます。

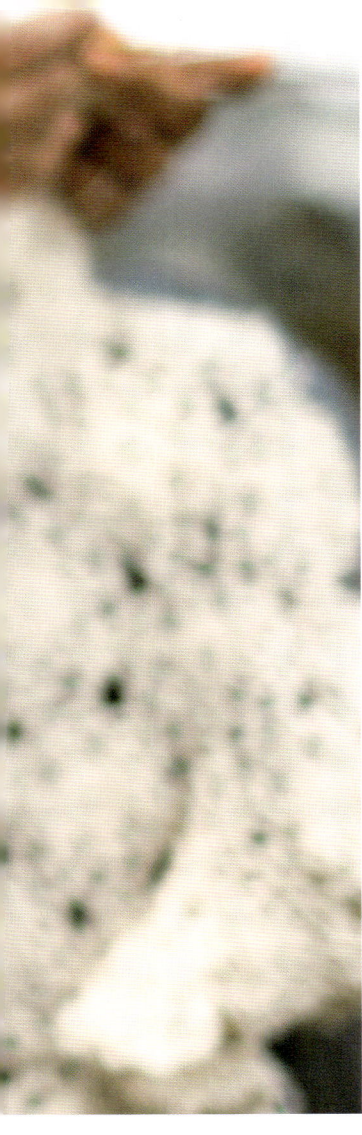

動物ドーナッツ

ウサギ、鳥、恐竜？　どんな動物の形になるのかお楽しみ

材料（4人分）

国産薄力粉……………200g
玉子……………………1コ
豆乳（無調整タイプ）…120ml
ベーキングパウダー…小サジ1
きび砂糖………………30g
菜種油（揚げもの用）…適量

1　油以外のすべての材料をボウルに入れて、なめらかになるまで混ぜ合わせる。

2　スプーンなどを使い、中温の油にそっと垂らす。形にはこだわらない。きつね色になるまで揚げる。

3　揚がったら、きび砂糖（分量外）をまぶす。

お麩スナック

こんな食べ方もあったの?!　お麩の新たな魅力を発見！

材料（各4人分）

＜塩味＞
お麩……………………30g
ごま油…………………大サジ1
塩……………………小サジ1/2
青のり…………………少々

＜ハニー味＞
お麩……………………30g
はちみつ………大サジ1～2

＜塩味＞
1　フライパンにごま油と塩を入れて熱する。温まってきたら、お麩を入れる。

＜塩味＞
2　弱火で火を通しながら、全体にうっすら焼き色がつき、サクッとなったら、火を止め、青のりをふる。

＜ハニー味＞
1　全体にうっすら焼き色がつき、サクッとなるまで、お麩をから煎りする。

＜ハニー味＞
2　はちみつを回しかけてから火を止める。こうすると味がよくなじむ。

作り方は29ページ

こうやき

テフロン加工のフライパンを使えば、油も必要ナシ!

材料(4人分)

国産薄力粉 …………… 90g
水 …………… 180ml
しょう油 …………… 大サジ2
かつおぶし …………… 適量
菜種油 …………… 適量

1　薄力粉を水でとろっとするまで溶く。

2　フライパンに油を薄く引き、タネが薄く広がるように焼く。焼き色がついたら裏返して焼く。

3　しょう油を刷毛で塗り、くるりと巻く。仕上げにかつおぶしをふる。

今どきの子どもは「食」について誰から学んでいるのでしょう?　回答した子どもたちの9割が「母親」。「父親」はその半分という結果になりました。

おいももち

時間がたっても、もちもちと食感やわらか〜

材料（4人分）

さつまいも・・・・中1本（約300g）
餅・・・・・・・・・・・・・・・・2切れ
塩・・・・・・・・・・・・・・・・・・少々
きなこ・・・・・・・・・・・・・・・適量

1　さつまいもは皮をむき、2cm角くらいのサイコロ状に切って、水にさらす。

2　クッキングシートを敷いた蒸し器で、さつまいもを中火で蒸す。約10分後、餅も入れて、さらに3分ほど蒸す。

3　蒸し上がったさつまいもと餅をボウルに移し、すりこぎで潰しながら塩を加え、よく混ぜる。

4　一口大に丸めて、きなこをまぶす。

小芋のみそ炒め坊ちゃん風

新じゃがいもがないときは、一口大に切ったじゃがいもを

材料（4人分）
新じゃがいも……………約300g
みそ………………………大サジ2
きび砂糖…………………小サジ1
水…………………………大サジ1

1　新じゃがいもは皮のまま中火で10分ほど蒸す。目安は、竹串がスーッと通るまで。

2　フライパンにみそ、きび砂糖、水を入れ、弱火で温めながら練り合わせる。

3　新じゃがいもをフライパンに入れ、弱火でみそとからめる。焦げ付きやすいので要注意。

みそ田楽

三角形に長方形、丸形も。こんにゃくの形はお好みで

材料（4人分）
こんにゃく………1枚（250g）
みそ………………………大サジ2
みりん……………………大サジ2
きび砂糖…………………小サジ1
水………………………150ml

1　こんにゃくを下ゆでし、6～8等分に切る。味がよくしみこむように、隠し包丁を入れる。

2　フライパンで、みそときび砂糖をみりん、水で溶いたところに、竹串に刺したこんにゃくを入れ、中火で煮る。時々、裏返す。

こんにゃくには食物繊維がたっぷり含まれています。食物繊維は便の量を増やして、便秘を防ぐ効果があります。

豆乳もち

切りにくい場合は、包丁を水でぬらすとスムーズに切れる

材料（4〜6人分）
豆乳（無調整タイプ）‥300ml
片栗粉‥‥‥‥‥‥80g
きび砂糖‥‥‥‥‥20g
塩‥‥‥‥‥‥ふたつまみ
トッピング
A きなこ‥‥‥‥‥‥20g
　きび砂糖‥‥‥小サジ1
　塩‥‥‥‥‥ひとつまみ
B うぐいすきなこ‥‥‥20g
　きび砂糖‥‥‥小サジ1
　塩‥‥‥‥‥ひとつまみ
C すりごま‥‥‥‥‥20g
　きび砂糖‥‥‥小サジ1
　塩‥‥‥‥‥ひとつまみ

1　豆乳、片栗粉、きび砂糖、塩を鍋に入れ、かき混ぜながら弱火で温める。

2　どろりとして固くなってきたら火から下ろし、容器に入れる。水でぬらした手で形をととのえ、もちにラップをかける。

3　冷めたら、お好みの大きさに切る。あらかじめ混ぜておいたA〜Cのトッピングにそれぞれまぶす。

きなこ棒

麦芽糖が固くて混ぜにくいときに、湯煎にかけて

材料（4〜6人分）
麦芽糖（水あめ）‥‥‥100g
きなこ‥‥‥‥‥‥‥70g

1　きなこに麦芽糖を加え、よくこねる。

2　全体に混ざったら、直径1cmほどの棒状に細長く伸ばす。

3　お好みの大きさに切り、きなこ（分量外）をまぶす。

おいしい食材「葛粉」

シンプルな葛湯

マグカップだけで気軽に作れる
基本の葛湯

材料（1人分）
本葛粉…………大サジ1
はちみつ…………小サジ1
水………………適量

1　マグカップの中で葛粉を少量の水で溶かし、そこに沸騰した湯を注ぐ。ぬるめの湯ではとろみが出ないので要注意。
2　はちみつを加えてひと混ぜする。

葛湯レシピ

ポイントは、あらかじめ葛粉を少量の水で
よく溶かしておくこと。
まず、大サジ1の葛粉を同量の水（大サジ1）で
しっかりと溶かしましょう。
とろみがついたら、手順どおりに進めてください。

みかんの葛湯

目に鮮やか!
みかん粒を入れても味わい豊か

材料（1人分）
本葛粉…………大サジ1
みかん果汁……1コ分（約50ml）
水………………50ml
はちみつ…………小サジ1

小鍋にみかん果汁と水、はちみつを入れて沸騰させ、溶かした葛粉を少しずつかき混ぜながら加える。透明感が出たら火から下ろす。

抹茶の葛湯

抹茶は葛粉と一緒に
あらかじめ溶かしてから

材料（1人分）
本葛粉…………大サジ1
抹茶……………小サジ1
水………………100ml
はちみつ…………小サジ1

1　葛粉と抹茶を同量の水でよく溶かしておく。
2　小鍋に水とはちみつを入れて沸騰させ、溶かした抹茶葛を少しずつかき混ぜながら加える。透明感が出たら火から下ろす。

ブルーベリーの葛湯

紫色がキレイ!
ブルーベリーは生でも冷凍でも

材料（1人分）
本葛粉…………大サジ1
ブルーベリー…………20g
水………………100ml
はちみつ…………小サジ1

1　小鍋に水とブルーベリー、はちみつを入れて煮立たせ、全体が紫色になるまでゆっくりとかき混ぜる。
2　溶かした葛粉を少しずつ加え、透明感が出たら火から下ろす。

おいもの葛湯

食べやすい食感
はちみつナシで離乳食にも

材料（1人分）
本葛粉…………大サジ1
さつまいもをペースト状にしたもの…………50g
水………………100ml
はちみつ…………小サジ1

小鍋にさつまいものペーストと水、はちみつを入れて沸騰させ、溶かした葛粉を少しずつ加える。透明感が出たら火から下ろす。

葛といえば、葛きりや葛もち、葛まんじゅうといった和菓子を思い浮かべる方がきっと多いことでしょう。そして、どちらかといえば家庭ではあまり使われない食材のイメージがあるのではないでしょうか。

葛粉の魅力は、なんといっても医食同源的な成分にあります。山野に自生する多年生マメ科のツル性植物、葛。この根に含まれるでんぷんを精製し、何ヵ月もかけて天日乾燥させてできたのが葛粉です。純白の粉の中には、血行を促し、体を温め、消化吸収を助けるといった薬効成分が含まれています。"風邪を引いたら葛湯を"。昔から伝わる生活の知恵はここに由来します。ちなみに、漢方の風邪薬「葛根湯（かっこんとう）」は、読んで字のごとく、葛の根が主材料です。

また、他のでんぷんに比べて、鉄分が豊富なのも葛粉の魅力です。じゃがいものでんぷんから作られる片栗粉と比較すると、その差は3倍以上。鉄分が不足しがちな赤ちゃんにとって、とろみをつけるという理由だけでなく、葛粉は離乳食としてもふさわしい食材といえます。もちろん、子どもにとっても優れた効果を発揮します。たとえば、プールなどで体が冷えてしまったときに、葛粉をアツアツの湯に溶かした葛湯はいかが？　ふぅふぅしながら、とろりとした葛湯を飲めば、たちまちのうちに体がぽかぽかと温まります。簡単に作れるのもうれしいところ。もっと気軽に日常生活に取り入れたい、葛粉は重宝な食材なのです。

いちごの葛湯

市販のジャムは甘みが強いので
分量の調整を

材料（1人分）
本葛粉…………大サジ1
煮いちご………大サジ1強
（作り方は66頁参照）
水………………100ml

1　小鍋に水を入れて沸騰させ、溶かした葛粉を少しずつかき混ぜながら加える。透明感が出たら火から下ろす。
2　煮いちごを加え、ひと混ぜする。

プルーンの葛湯

ビタミンとミネラルが
たっぷりのプルーンを一緒に

材料（1人分）
本葛粉…………大サジ1
液状プルーン……小サジ2
水………………100ml
はちみつ…………小サジ1

小鍋に水とはちみつ、プルーンを入れて沸騰させ、溶かした葛粉を少しずつかき混ぜながら加える。透明感が出たら火から下ろす。

ゆずの葛湯

葛&ゆず、ふたつの効果で
体の芯からぽかぽか

材料（1人分）
本葛粉…………大サジ1
ゆず汁…………小サジ1
ゆずの皮…………少々
水………………100ml
はちみつ…………小サジ1

1　小鍋に水とはちみつを入れて沸騰させ、溶かした葛粉を少しずつかき混ぜながら加える。透明感が出たら火から下ろす。
2　ゆず汁と細かく切った皮を入れ、ひと混ぜする。

紅茶の葛湯

しょうが汁が決め手
発汗効果がさらにアップ!

材料（1人分）
本葛粉…………大サジ1
しょうが汁…………少々
紅茶……………100ml
はちみつ…………小サジ1

1　小鍋に紅茶とはちみつを入れ沸騰させ、溶かした葛粉を少しずつかき混ぜながら加える。透明感が出たら火から下ろす。
2　しょうが汁を加え、ひと混ぜする。

葛もち

塩味のきいたきなこ&甘い黒みつをたっぷりと

材料（4人分）
本葛粉……………50g
水……………150ml
きなこ……………適量
塩……………ひとつまみ
黒みつ……適量（作り方は右記参照）

1　水150mlのうち少量を取り、その水で葛粉をよく溶かしておく。

2　溶かした葛粉と残りの水を鍋に入れ、かき回しながら中火で温める。半透明になったらとろ火にし、透明なのり状になるまで練る。

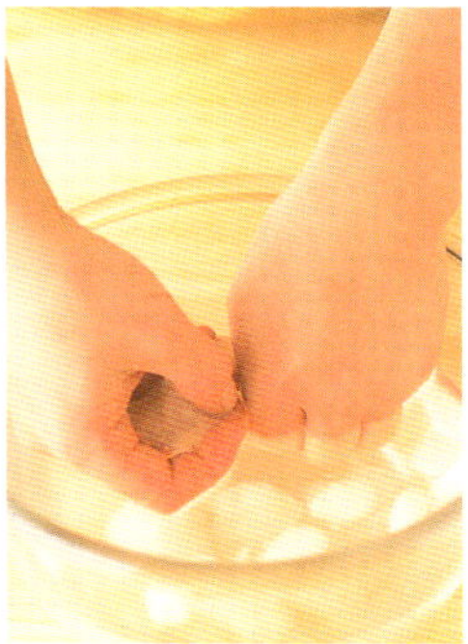

3　冷水を入れたボウルの中で、葛のかたまりを食べやすい大きさにちぎる。皿に盛り、黒みつと塩入りきなこをかける。

黒みつ

作り置きすれば、おやつ作りに重宝!

材料
黒砂糖……………50g
水……………50ml

細かく砕いた黒砂糖と水を鍋に入れ、弱火で溶かす。とろみがついてきたら、火から下ろす。あら熱が取れたら、冷蔵庫で冷ます。

いりこ大豆

アーモンドやクルミを入れても香ばしい

材料（4人分）
水煮大豆……………100g
いりこ……………20g
白ごま……………適量

調味料
はちみつ……………大サジ2
しょう油……………大サジ1
水……………大サジ2

1　いりこをフライパンでから煎りする。目安は、いりこがポキッと折れるまで。焦げないように、フライパンから取り出しておく。

2　水煮大豆をオーブントースターで熱する。目安は、大豆の表面が乾いて、シワがよるくらいまで。

3　フライパンに調味料をすべて入れて、弱火で煮立たせ、とろみがついたら火を止める。大豆、いりこ、白ごまを入れてからめる。

お豆腐だんご

絹ごし豆腐と白玉粉で、つるるんと口あたりなめらか

材料（4人分）

白玉粉……………100g

絹ごし豆腐……半丁（150g）

黒ごまペースト（無糖）…50g

はちみつ…………大サジ1

1　白玉粉と豆腐を混ぜて、こねる。目安は、耳たぶくらいのやわらかさ。

2　一口大に手で丸めて、沸騰したお湯の中へ。浮かんできたらすくい、冷水で冷ます。その後、ザルに上げて水切りを。

3　黒ごまペーストとはちみつを混ぜ合わせ、だんごにからめる。

りんごとお芋のはちみつ煮

さつまいもは皮ごと5mm幅ほどの輪切り、りんごはくし形の薄切りに

材料（4人分）
りんご・・・・・・・・・・・・・・・・1コ
さつまいも・・・中1本（約300g）
はちみつ・・・・・・・・・・・大サジ3
水・・・・・・・・・・・・・・・・・2カップ
レモン汁・・・・・・・・・・・1/6コ分

1　水にさらしたさつまいも、りんご、水、はちみつを鍋に入れ、火にかける。沸騰後、中火で15分ほど煮る。

2　火を止めて、あら熱を取る。レモン汁を入れ、さっくり混ぜる。

おいものスープ

冷たい豆乳は混ざりにくいので、人肌に温めてから

材料（4人分）
じゃがいも……………中4コ
たまねぎ………………1コ
水………………………2カップ
豆乳（無調整タイプ）…2カップ
塩……………………小サジ1
こしょう………………少々
青のり…………………少々
菜種油…………………適量

1　じゃがいもとたまねぎを薄く切り、しんなりするまで油で炒める。

2　水を加え、汁気がなくなるまで弱火で煮込む。

3　人肌に温めた豆乳を加え、弱火で沸騰させないようによく混ぜる。塩、こしょうで味をととのえ、仕上げに青のりをふる。

もちもち大根

できたてが一番！　酢&しょう油のタレで召し上がれ

材料（4人分）
大根……………………約150g
白玉粉…………………100g
ニラ……………………1/2束
菜種油…………………適量
タレ
　酢……………………小サジ1/2
　しょう油……………大サジ2

1　ニラは5mm幅に細かく切り、大根はすりおろす。

2　大根おろしは水切りせず、白玉粉と混ぜる。目安は、どろっと手から落ちるほど。その後、ニラを加える。

3　ホットプレートまたはフライパンに油を引き、タネをスプーンでひとすくいずつ落とす。焼き色がつくまで、中火で両面を焼く。

消化を助けるといわれる大根おろし。食物繊維の整腸作用で、胃腸の弱い人や便秘気味の人に効果を発揮します。

あべかわ、磯辺巻き

餅を焼くときは、焼き網またはトースターを使用

材料（4人分）
餅……………………4切れ
＜あべかわ＞
きなこ………………大サジ2
きび砂糖……………小サジ2
＜磯辺巻き＞
しょう油……………小サジ1〜2
のり…………………適量
きび砂糖……………お好みで

1　餅を半分に切って、8切れにして焼く。

＜あべかわ＞
2　焼いた餅を熱湯にくぐらせる。

＜あべかわ＞
3　きなこときび砂糖を混ぜ合わせたものを餅にからめる。

＜磯辺巻き＞
2　焼いた餅にしょう油をからめ、のりを巻く。お好みで、しょう油にきび砂糖を混ぜてもいい。

みかんの丸焼き

焼くと甘味UP！　体も温まり、風邪のひきはじめに効果的

材料（4人分）
みかん………………4コ

1　表面のワックスを落とすために水洗いし、沸騰する直前のお湯（70度以上）に1分間つける。取り出してよく拭く。

2　焼き網またはフライパンで焼く。まんべんなく焦げ目がつくように、ころころと転がす。焼けた皮ごと味わえる。

近年、加工食品のほとんどに入っている食品添加物。ひとつひとつの安全性は確認されていますが、数種類を食べ合わせた検査はされていないのが現実です。では、いかに添加物摂取を減らすか。裏の原材料表示で、自分の家の台所にない名前がたくさん書かれているものは避けましょう。

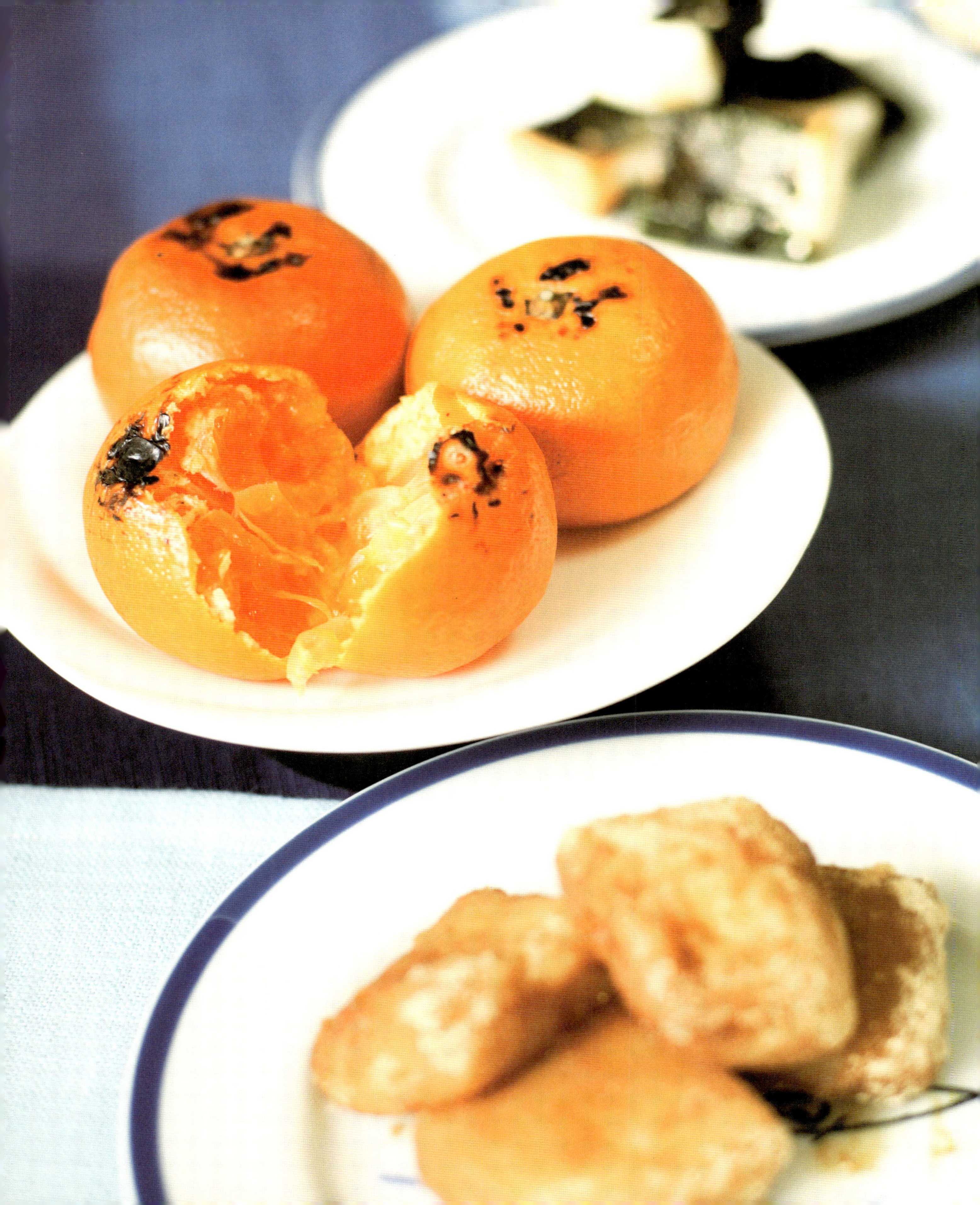

新じゃが揚げ

お好みでトマトケチャップをつけても……

材料（4人分）
新じゃがいも
（なければ小さめのじゃがいも）
…………………小8コ
国産薄力粉……1/2カップ
冷水…………1/2カップ
青のり……………少々
菜種油（揚げもの用）…適量
トマトケチャップ……お好みで

1　新じゃがいもを半分に切り、さっくりと水で溶いた薄力粉にからめる。

2　中温でゆっくり、からりと揚げる。竹串を刺してスーッと通れば取り出す。

3　串に刺してだんご風にし、青のりをふりかける。

いも天

揚げたてに塩をふってもおいしい

材料（4人分）
さつまいも…中1本（約300g）
国産全粒粉
（なければ国産薄力粉）
………………1/2カップ
冷水…………1/2カップ
菜種油（揚げもの用）…適量
塩……………お好みで

1　さつまいもは1cmくらいの厚めの輪切りにする。冷水と全粒粉をさっくりと混ぜ、衣を作る。完全に混ざっていなくてよい。

2　さつまいもに衣をつけ、低温でじっくり揚げる。竹串を刺してスーッと通ったら、油の温度を上げてからりと揚げる。

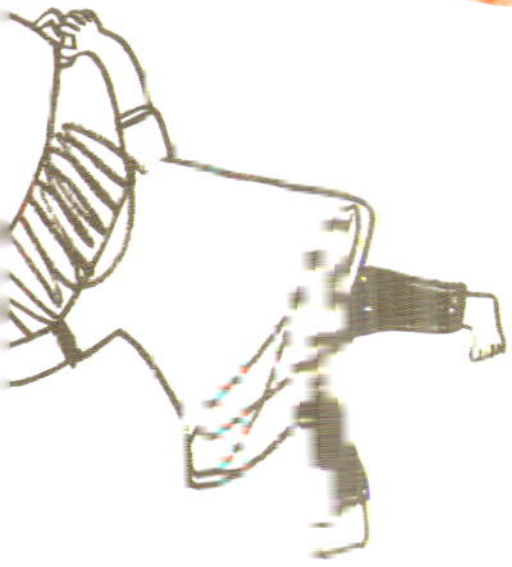

おかあさん、

お

や

やさしい

つ

つくりかたで

のばして、まるめて…

の

ほ

ぼくにも

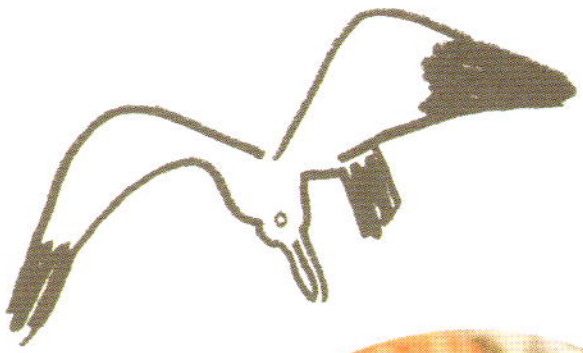

ん

ん、できたよ！

第2章

週末のおやつ

どこかに出かける休日もいいけれど、
ときにはお家でおやつ作りはいかが?
家族みんなでワイワイにぎやかに作れるもの、
週末だからこそ時間をかけてじっくり作れるもの。
そんなおやつが21品。
テーブルの上が粉まみれになっても、
キッチンに油が飛び散っても平気。
だって、みんなできれいにすればいいんだから。

もちお好み

短時間で作るなら、餅のスライスはごく薄く

材料（4人分）
餅……………………2切れ
地粉…………………100g
小豆あん……………100g
（作り方は下記参照）
水……………………80ml
菜種油………………適量

1　餅を薄く切る。

2　ボウルに地粉、小豆あん、水を入れて、よく混ぜ合わせる。

3　餅を加え、さらに混ぜ合わせる。

4　フライパンに油を薄く引き、スプーンですくったタネを弱火で焼き色がつくまで両面を焼く。餅がやわらかくなればできあがり。

小豆あん

きび砂糖&塩は、小豆がやわらかくなってから入れる

材料（約350g分）
小豆……………1/2カップ
きび砂糖…………………40g
はちみつ…………大サジ1
塩………………………少々
水……………………2カップ

1　小豆は洗った後、アク抜きのために、たっぷりの水（分量外）でゆでる。沸騰したら、ザルに上げる。

2　分量の水を入れ直し、弱火でやわらかくなるまで約40分煮る。水が少なくなれば足す。砂糖と塩を加え、押し潰しながら煮詰める。

3　仕上げに、はちみつを加えてざっくりと混ぜ、照りを出す。

文部科学省「平成23年度　学校保健統計調査報告書」によると、肥満傾向児の割合は30年前に比べて約2倍に近い。小学校高学年では10人に1人が肥満。肥満児の7割は、大人になっても肥満が続くとされている。

森のバターぱん

バターのかわりに、"森のバター"アボカドを使った自信作

材料（4～5人分）
アボカド……1コ
国産薄力粉……300g
ドライイースト……4g
塩……ひとつまみ
水……120ml
干しぶどう（飾り用）……適量

1　アボカドを細かく切り、水と一緒にミキサーにかけてクリーム状にする。

2　アボカドクリームとその他の材料を混ぜ合わせる。まとまってきたら、丁寧にこねる。

3　ボウルにラップをかけ、そのまま40度ぐらいの湯の中に入れて生地を発酵させる。約1.5倍に膨れ上がるまで放置しておく。

4　生地を好みの形にととのえる。干しぶどうを使うとさらに楽しい。オーブンシートを使用し、180度のオーブンで約1[illegible]分焼く。

とまとソース

シンプルゆえの奥深い味わい。パンやクラッカーに添えて

材料
トマト……大1コ
にんにく……ひとかけ
オリーブ油……大サジ3
塩……ひとつまみ

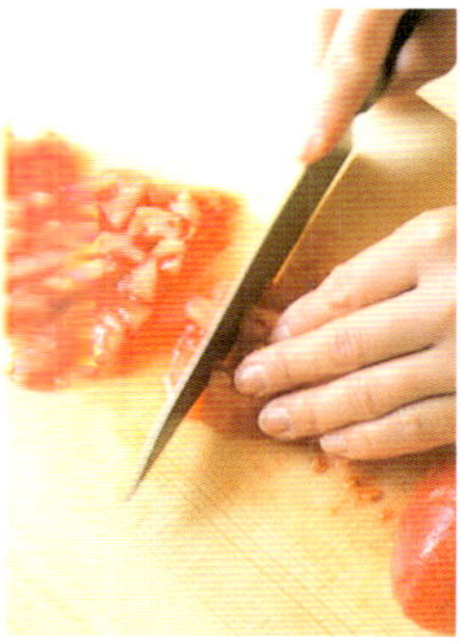

1　トマトの皮を湯むきし、1cmぐらいの角切りにする。

2　鍋にオリーブ油とみじん切りのにんにくを入れ、弱火にかける。香りをじゅうぶんに出す。

3　香りが出たら、トマトと塩を入れ、弱火で煮る。時々、ヘラでかき混ぜる。水分が飛んだらできあがり。

トマトの赤い色はリコピンによるもの。リコピンは、悪玉酸素といわれる活性酸素を抑え、生活習慣病の予防に効果があるといわれています。今後注目すべき栄養素です。

かぼちー

いなり寿し用の油揚げを使えば、具を詰めるのが簡単!

材料(4人分)

かぼちゃ……1/8コ(約150g)
ピザ用チーズ……………50g
油揚げ………………………2枚
ケチャップ…………お好みで

1　かぼちゃを皮ごと適当に切り、やわらかくなるまで中火で蒸す。熱いうちに細かく潰す。

2　油揚げは湯通しせず、半分に切り、袋状にする。中に、かぼちゃとチーズを詰めて楊枝で留める。

3　トースターでこんがりと焼き色がつくまで焼く。お好みで、表面にケチャップをかけてもいい。

はりはり蒸しぱん

はりねずみ?　針山?　スティック状のさつまいもがユニーク

材料(4人分)

さつまいも…………約200g
国産薄力粉…………100g
豆乳(無調整タイプ)…80ml
ベーキングパウダー‥小サジ1
きび砂糖…………大サジ2
塩…………………………少々

1　さつまいもをスティック状に切り、水にさらす。その他の材料をボウルに入れ、混ざったら、さつまいもの水を切って加える。

2　こんもりとした形にまとめ、蒸し器で10分ほど中火で蒸す。

かぼちゃにはβ-カロテンやビタミンE、Cが豊富に含まれています。これらは、細胞の老化を防止し、免疫力を高め、風邪などを予防します。

ちびまん

皮の中央は厚く、周りは薄めにしておくと、具が包みやすい

材料（8コ分）

＜皮＞
- 国産薄力粉・・・・・・・・・・200g
- 水・・・・・・・・・・・・・・・100ml
- ベーキングパウダー・・・小サジ1

＜具＞
- 豚ひき肉・・・・・・・・・・・・・100g
- えのき茸・・・・・・・・・・・・・80g
- しょうが・・・・・・・・・・・・・・少々
- みそ・・・・・・・・・・・・・大サジ1
- 片栗粉・・・・・・・・・・・・大サジ1
- ごま油・・・・・・・・・・・・小サジ1
- 酢・・・・・・・・・・・・・小サジ1/2

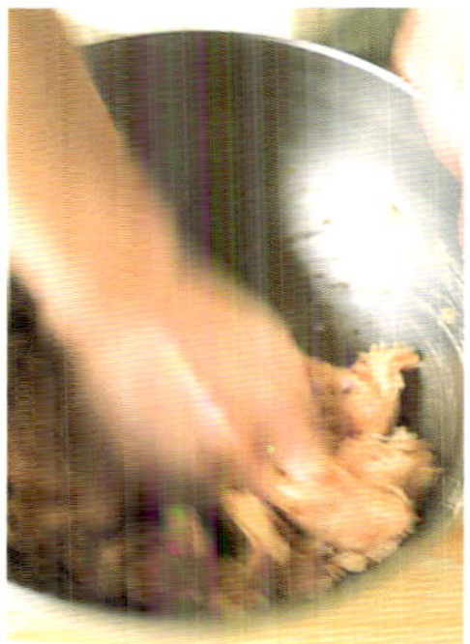

1　えのき茸を細かく切り、しょうがをすりおろす。ボウルに具の材料をすべて入れ、もっちりとするまでこねる。

2　薄力粉に水とベーキングパウダーを加えて混ぜ、耳たぶくらいのやわらかさになるまでこねる。

3　こねたものを8等分し、ひとつずつ直径10cmぐらいの円に手で伸ばし、まんじゅうの皮を作る。

4　大サジ1杯程度の具を皮の中央にのせる。皮の対面同士、4ヵ所を中央に集めてひねり、具を包む。

5　クッキングシートを約5cm四方に切り、ちびまんの下に敷く。蒸し器で15分ほど強めの中火で蒸す。

はちみつソーダ

ほのかに感じるはちみつの甘み。癒し系の炭酸飲料?!

材料（1人分）
- ソーダ水・・・・・・・・・・・120ml
- はちみつ・・・・・・・・・・大サジ1
- 黒酢・・・・・・・・・・・・・小サジ1
- レモン汁・・・・・・・・・・1/8コ分

はちみつ、黒酢、レモン汁をグラスに入れ、ソーダ水を静かに注ぎ、ゆっくり混ぜる。

子どもたちに人気のソーセージやウインナの多くには、肉色を保持する発色剤、品質を安定させるpH調整剤、保存料としてのソルビン酸など、さまざまな添加物が含まれています。

ごましおかりんとう

最初は低温でじっくり、最後に火を強めて 食感カリッと!

材料(4人分)

国産薄力粉……………100g
黒ごま……………30g
豆乳(無調整タイプ)
……………大サジ4強
塩……………ひとつまみ
きび砂糖……………小サジ1
菜種油……………小サジ1
ベーキングパウダー
……………小サジ1/2

1 すべての材料をボウルに入れ、混ぜ合わせる。ひとかたまりになったら、打ち粉(薄力粉、分量外)をした台の上で、麺棒を使って伸ばす。

2 伸ばした生地を食べやすい長さの棒状に切る。揚げると膨らむので細めに。

3 低温の油(分量外)で10分ほど中が茶色になるまで揚げる。油が切れるように最後に火を強める。揚げたてに塩少々(分量外)を。

ひみつのオレンジ

ビタミンが壊れないように、レモン汁はあら熱が取れてから

材料（6コ分）

- にんじん……中1本（約150g）
- 水……350ml
- 粉寒天……4g
- はちみつ……大サジ3
- 塩……少々
- レモン汁……1コ分

1　にんじんをよく洗い、5等分ぐらいに切って、皮ごとやわらかくなるまで蒸す。

2　にんじんと水をミキサーにかけて、なめらかなジュース状にする。ミキサーがない場合は裏ごしをして水と合わせる。

3　にんじんジュースと粉寒天を鍋に入れ、弱火でゆっくりかき混ぜながら、粉寒天を煮溶かす。

4　火を止め、はちみつと塩を加える。あら熱が取れたらレモン汁を入れ、型に流して冷蔵庫で固める。

にんじんにはβ-カロテンが多く含まれています。β-カロテンは体内に入ると、分解されてビタミンAに変わります。ビタミンAには、肝臓の働きを助け、とり目（夜盲症）や感染症を予防する働きがあります。

豆乳

牛乳アレルギーの子どもたちのことを考え、“牛乳の代わり”として使いはじめた豆乳。しかし、代役というにはもったいない、優れた食材だったのです。

まず、大豆が“畑の肉”と称されるように、豆乳には良質の植物性タンパク質が含まれています。タンパク質といえば、肉や玉子といった動物性に偏りがちな現代人の食生活。でも、摂りすぎるとさまざまな弊害が生じることは今や常識です。動物性と植物性を合わせて摂取することで、不足する成分を補い合い、さらに栄養価を高めてくれるといいます。

また、豆乳にはビタミンやミネラルなど多くの栄養素もバランスよく含まれています。現在では、大豆特有のにおいを抑える製法が確立され、以前に比べ飲みやすくなっています。

こだわりの食材

この本では、数ある食材の中からあえて選んで使っているものがあります。なぜこれを選ぶのか？　こだわりのある4食材についてお話しします。

国産小麦粉

「地産地消」という言葉があるように、“地のもの”は、そこで暮らす人にふさわしい食べものではないかと考えます。そんな発想から、この本では小麦粉においても国産のものを使っています。薄力粉、強力粉、全粒粉（表皮も胚芽も含めて製粉したものでミネラル分が豊富）。国産に目を向けることで、地粉という粉にも出合いました。これは文字どおり、地元で収穫された原料を地元で製粉したもので、その多くは中力粉。別名「うどん粉」ともいわれ、素朴な味わいが魅力です。

一時期ほどではないにせよ、輸入農作物には、ポストハーベストの危険性があります。長期保存を目的に、防カビ剤や保存料などの薬剤を“収穫後”に使う。このような事情からも、国内産の小麦粉を選びました。

無添加の植物油

一口に油（植物油）といっても、さまざまな種類のものが出回っています。菜種油、ごま油、オリーブ油etc. 最近では健康志向を考えて特別な機能が付加された油も見かけるようになりました。でも、この機能のために、食品添加物が利用されていることは、案外、見逃しがち。ラベルの表示を見れば、一目瞭然です。

添加物によるメリットは確かにありますが、今後、体への影響がどのように現れるのか、まだよくわかっていないとも聞きます。だからこそ子どもたちが口にするものは、できるかぎり混じりけのないものにしたい。そんな願いから、油も100%純粋なものにこだわりました。レシピの材料の項目でも、あえて「菜種油」、「ごま油」というように明記しています。

きび砂糖

砂糖は炭水化物の一種であり、体にとって必要な食べものです。すばやくブドウ糖に分解され、脳や筋肉へ。ブドウ糖は、脳の唯一のエネルギー源なのです。でも、必要以上に摂り過ぎると、体に悪影響を及ぼすのも事実。だからこそ、適正な量が大切なのですが、世の中の加工食品には、思いのほか多くの砂糖が含まれており、私たちは知らず知らずのうちに摂取しています。

そこで、この本ではできるかぎり砂糖の量を控え、素材本来の甘味を引き立てました。そして、きび砂糖を使用。さとうきびの搾り汁をそのまま煮詰めて作る黒砂糖と同じ仲間で、黒砂糖よりも精製の進んだものがきび砂糖です。ミネラル分を多く含み、クセがなく、まろやかな甘みが料理に適しています。

ゆずジャム

火を使わずに簡単にできるジャム。搾った汁は酢飯や酢の物に

材料
ゆず……………………適量
きび砂糖……ゆずの皮と同量
※ゆずの皮ときび砂糖は、1対1の割合

1　ゆずは表面のワックスを落とすために水洗いし、70度以上（沸騰する直前）のお湯に1分間つける。取り出してよく拭く。

2　ゆずを横半分に切って汁を搾り、中の白い内皮もスプーンを使ってかき取る。お椀型になったゆずの皮を薄くスライスする。

3　熱湯消毒した保存用びんにゆずの皮ときび砂糖を交互に入れる。時々かき混ぜて、きび砂糖がすべて溶けたらできあがり。

煮いちご

砂糖の量が少なく、水分が多いので、早めに食べきるように

材料
いちご………………200g
きび砂糖………………50g
レモン汁……………1/6コ分

1　いちごを水洗いし、ヘタを取る。きび砂糖をまぶして10分ほどおいてなじませる。

2　鍋にいちごを入れ、弱火にかける。水分が出てくるので、20分ほど煮る。とろみがついたら、火を止め、レモン汁を加えて混ぜる。

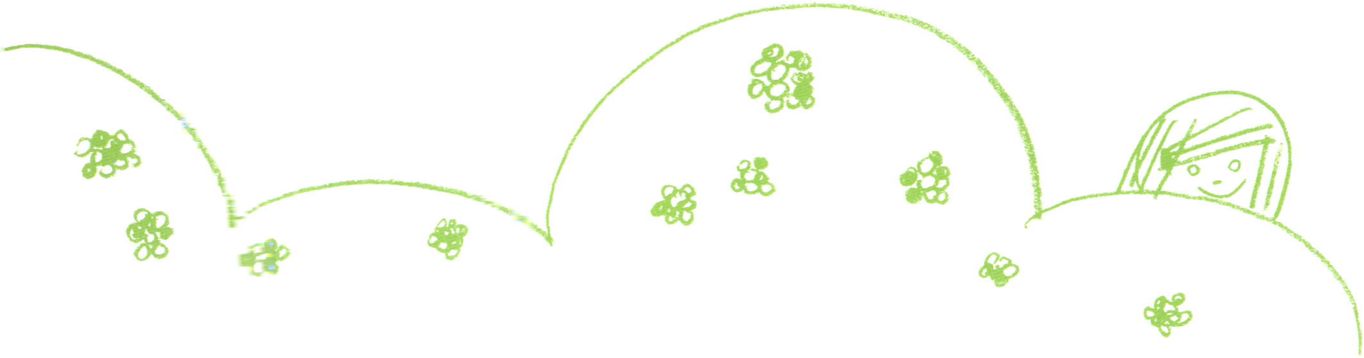

お好みごはん

フライ返しで押さえつけながら、こんがり焦げ目を

材料（4人分）

ごはん……………………茶碗2杯
玉子…………………………1コ
ニラ…………………………5本
ちりめんじゃこ……………20g
ピザ用チーズ………………50g
菜種油………………………適量

1　ニラは5mm幅ぐらいに細かく切る。

2　ボウルにすべての材料を入れ、よく混ぜ合わせる。冷やごはんの場合、混ざりにくいので、あらかじめ温めておく。

3　ホットプレートに油を薄く引き、ごはんを丸く伸ばして両面をこんがりと焼く。

ゼリーやキャンディを鮮やかな赤色にする天然添加物のコチニール色素。じつは、南米のサボテンに寄生する虫をすり潰したものなのです。

きびだんご

食物繊維やカルシウムが豊富なきび。冷めても、もちもち

材料
（ピンポン玉サイズで約20コ分）
もち米・・・・・・・・・・・・・・・2合
きび・・・・・・・・・・・・・・・・半合
水・・・・・・・・・・・・・・・2カップ
塩・・・・・・・・・・・・・小サジ1/2
きなこ・・・・・・・・・・・・大サジ6
きび砂糖・・・・・・・・・・・小サジ2
※カップは米用の計量カップを使用

1　もち米は洗った後、ザルに上げて30分以上おく。もち米ときびを炊飯器に入れ、水、塩を加えて普通に炊く。

2　炊き上がったら、ボウルにあけ、すりこぎを水でぬらしながら、餅つきのように米の粒が潰れるくらいにつく。

3　手に水をつけてからだんご状に丸め、混ぜておいたきなこ砂糖を軽くまぶす。食べる直前に、たっぷりとふりかける。

botanical

氷フルーツ

パイナップルやバナナ、桃など甘味の強いフルーツがおすすめ

材料
フルーツ……………適量

1　フルーツの皮をむき、食べやすい大きさに切る。

2　バットなどにフルーツを入れ、ラップを上にかけて冷凍する。

しゃりしゃりシャーベット

キウイや桃、パイナップルなどもおいしくできる!

材料(4人分)
いちご……中10粒(約150g)
きび砂糖…………大サジ1
水………………50ml

1　すべての材料をミキサーにかける。

2　ミキサーにかけたものを容器に入れて冷凍。1時間おきぐらいにかき混ぜ、冷やし固める。

ゼリーやキャンディなどの食品によく使われているタール系色素。「赤色×号」や「黄色×号」と表示されていますが、これらは石油を精製して得る原料を元に作っています。

スライスじゃが

じゃがいものでんぷんを利用するため、水にはさらさないように

材料
（直径約22cmのフライパン1枚分）
じゃがいも……大2コ（約350g）
塩……小サジ1/2
菜種油……大サジ2

1　じゃがいもの皮をむき、細い千切りにする。

2　塩をふり、もむ。水分が出てくるので、ギュッと絞る。

3　フライパンに半量の油を引き、全部入れて広げ、押さえつけるように焼き色がつくまで焼く。裏返して、油を足し、同じように焼く。

じゃがいものおやき

刷毛を使えば、しょう油が全体にいきわたり味が均一に

材料（8コ分）
じゃがいも……中4コ（約400g）
片栗粉……大サジ2
塩……少々
しょう油……適量
のり……適量
菜種油……適量

1　じゃがいもの皮をむき、一口大に切る。やわらかくなるまでお湯でゆがいて、ザルに上げる。

2　熱いうちにじゃがいもを潰しながら、片栗粉と塩を入れて混ぜ合わせ、8等分にして小判型にする。

3　フライパンに油を少し引き、中火で両面を焼く。焦げ目がついたら火を止め、しょう油を刷毛で塗る。仕上げに、のりを巻く。

一般に、「ビタミンは熱に弱い」といわれていますが、じゃがいもに含まれているビタミンCは、でんぷんに包まれているため、加熱による損失が少ないのです。

りんごりんごタルト

生地を寝かせるときは、ラップをかけて乾燥防止を

材料（直径20cmのタルト型1コ分）

＜生地＞

地粉（なければ国産薄力粉）
…………………150g

国産全粒粉…………50g

はちみつ…………大サジ2

菜種油…………大サジ4

水……………大サジ3

＜詰めるもの＞

りんご……………2コ

はちみつ…………大サジ3

塩…………ひとつまみ

水……………2カップ

粉寒天……………2g

1　1コのりんごを12等分に切る（2コで24切れ）。りんご、はちみつ、塩、水を鍋に入れ、沸騰したら弱火にして10分ほど煮る。

2　生地の材料を混ぜ、ひとかたまりにして、30分ほど寝かせる。麺棒で伸ばし、型に広げて指で押し当てる。

3　フチからはみ出した生地は、麺棒を転がしてカットする。

4　りんご煮が冷めたら、りんごだけを隙間のないように生地の上に並べる。180度のオーブンで約20分焼く。

5　りんごの煮汁200mlの中に粉寒天を入れ、弱火で煮溶かす。あら熱が取れたら、タルトの上に回しかけ、常温で固める。

梅シロップ、梅フルーツジャム

梅シロップを水や炭酸で割れば、梅ジュースに

材料＜梅シロップ＞

青梅……………1kg

氷砂糖……………1kg

※青梅と氷砂糖は1対1の割合

＜梅フルーツジャム＞

梅シロップの梅
（種をとったもの）……100g

フルーツ1種類（パイナップル、りんご、キウイなど）……50g

※梅とフルーツは2対1の割合

＜梅シロップ＞

1　青梅を洗い、水気を拭き取る。へたの部分を竹串で取り、うま味がよく出るように、数ヵ所穴を開ける。

2　熱湯消毒した保存用びんに青梅と氷砂糖を交互に入れる。時々かき混ぜ、約1ヵ月後、氷砂糖が溶けたら、できあがり。

＜梅フルーツジャム＞

梅シロップの梅とフルーツ1種類を細かく切る。鍋に入れ、かき混ぜながら、弱火で5分ほど煮る。

梅に含まれるクエン酸には、血液の流れをよくし、疲労を回復させる働きがあります。

第3章

特別な日のおやつ

一年のうちで、みんながうれしい日。
たとえばお誕生日、お節句、入園・入学。
そうそう、何かにがんばったご褒美の日も。
いつもよりキラキラ輝く日には、ちょっと豪華に……。
そんなおやつが11品。
おじいちゃんやおばあちゃんをお招きして、
お友だちも一緒に、
大勢で食べれば、うれしさも倍増です。

シンプルスポンジケーキ

最初に紙をケーキ型の中にセットすれば、型抜きが簡単!

材料
（直径18cmのケーキ型1コ分）
国産薄力粉…………100g
きび砂糖……………70g
玉子…………………4コ
粉糖（飾り用）……お好みで

1　ケーキ型の中に紙を写真のようにセット（底にも敷く）する。オーブンは180度に温めておく。

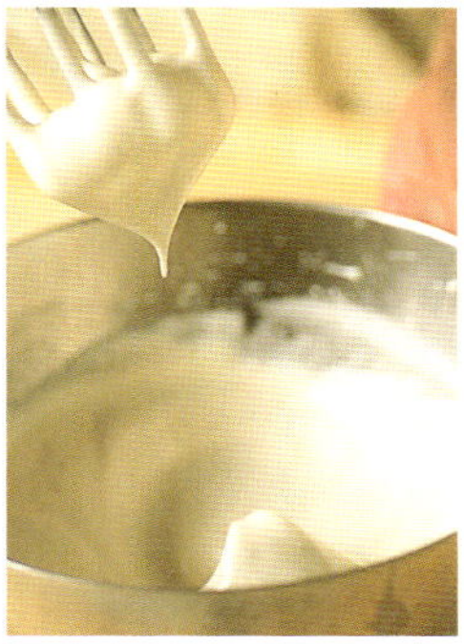

2　玉子を白味と黄味に分ける。白味にきび砂糖を2〜3回に分けて加え、つのが立つまで泡立てる。その後、黄味も加えて混ぜる。

3　泡立てた玉子の中に薄力粉をふるい入れる。ヘラで薄力粉の玉がなくなるまで、切るように混ぜ合わせる。

4　ケーキ型に流し入れ、トントンと台に落として空気を抜く。予熱180度のオーブンを150度に下げて、45〜50分焼く。

生フルーツとはちみつのお茶

2分ほどおいてからが飲み頃。ポット内のフルーツも食べられる

材料（4人分）
ティーバッグ…………2コ
フルーツ（りんご、パイナップル、いちご、いよかんなど）…適量
ドライフルーツ（くこの実、ドライイチジクなど）…………適量
はちみつ…………お好みで

フルーツを一口大に切り、温めておいたポットにティーバッグとともに入れ、熱湯を注ぐ。お好みで、はちみつを入れてもいい。

清涼飲料水に含まれている糖質は、500mlのペットボトルで約50.5g（14社24商品平均）。1コ5gの角砂糖に換算すると、約10コが入っていることになります。スポーツドリンクなら約22.5g（6社9商品平均）、角砂糖約4コ分です。（おかあさんの輪、メーカー取材）

くりーむぱん

季節や場所によって発酵時間はまちまち。膨らみ具合を目安に

材料（8コ分）
＜生地＞
国産強力粉……………280g
ドライイースト…………小サジ1
塩……………………小サジ1
きなこ…………………大サジ2
菜種油…………………大サジ1
ぬるま湯………………170ml
＜詰めるもの＞
豆乳カスタード………約250g
（作り方は右頁参照）

1　生地の材料をボウルに入れ、ぬるま湯を注ぎ、手で混ぜ合わせる。ひとかたまりにまとめたら、両手で包み込むようにこねる。

2　生地の表面がなめらかになったら、張りをもたせるように丸める。ボウルにラップをかけ、40度ぐらいの湯の中に入れて発酵を。

3　生地が1.5倍の大きさに膨れ上がったら、生地を8等分する。

4　生地を楕円形に広げ、真ん中に豆乳カスタードを置き、包む。とじ目はしっかりと。

5　包丁の背で生地に軽く切れ目を入れる。オーブンシートを敷いた天板に並べ、200度のオーブンで約15分焼く。

豆乳カスタード

パンに挟んだり、タルトに使ったり、食べ方は思いのままに

材料（約250g分）

玉子の黄味・・・・・・・・・・・・2コ
豆乳（無調整タイプ）・・・200ml
国産薄力粉・・・・・・・・・・・20g
きび砂糖・・・・・・・・・・・・・40g

1　玉子の黄味ときび砂糖をボウルに入れ、とろりとなめらかになるまで混ぜる。

2　薄力粉をふり入れて軽く混ぜる。人肌に温めた豆乳を注ぎ入れて、さらに混ぜ合わせる。

3　クリームを鍋に入れ、弱火でゆっくりとかき混ぜながら、しっかり火を通す。プクプクと気泡が上がってきたら、できあがり。

かぼちゃのパウンドケーキ

甘さの中にコクが。ほのかに香るみそが隠し味に

材料
（20cmパウンド型1コ分）
国産薄力粉・・・・・・・・・・150g
かぼちゃ・・・・・・・・・・・・・100g
黒砂糖・・・・・・・・・・・・・・・30g
水・・・・・・・・・・・・・・・・・100ml
ベーキングパウダー
・・・・・・・・・・・・・・・小サジ1/2
みそ・・・・・・・・・・・・・・・小サジ1
菜種油またはごま油
・・・・・・・・・・・・・・・・大サジ2

1　かぼちゃをやわらかくなるまで蒸す。

2　マッシャーやすりこぎを使い、かぼちゃをペースト状にする。その他の材料と一緒にボウルに入れ、よく混ぜ合わせる。

3　パウンド型に薄く油（分量外）を塗り、生地を入れる。180度のオーブンで約30分焼く。

いちごのアイス

クリームチーズを先に入れると、ミキサーが回らないことも

材料（4人分）
いちご・・・・・・・・・・・・・・150g
絹ごし豆腐・・・・・・・・・・・100g
クリームチーズ・・・・・・・・100g
はちみつ・・・・・・・・・・・・・・40g

1　いちご、豆腐、クリームチーズ、はちみつの順に入れて、ミキサーをかける。

2　バットなどに流し入れ、2時間ほど冷凍して固める。

文部科学省の（平成23年度）の統計によると、子どもの「ぜん息」は増えていると報告しています。
平成3年と平成23年を比べると、幼稚園では0.68%→2.79%小学校では1.06%→4.34%と上昇傾向にあります。

ベリーベリータルト

豆乳カスタードは、使う前によく混ぜてなめらかな状態に

材料（直径20cmのタルト型1コ分）

〈生地〉

地粉（なければ国産薄力粉）
……………………150g

国産全粒粉…………50g

はちみつ…………大サジ2

菜種油…………大サジ4

水…………………大サジ3

※75頁のタルトと同じ作り方

〈詰めるもの〉

豆乳カスタード………250g

（作り方は81頁参照）

ブルーベリー……12〜15粒

いちご…………………1パック

粉寒天…………………1g

水…………………………125ml

1　生地の材料を混ぜ、ひとかたまりにして、30分ほど寝かせる。麺棒で伸ばし、型に広げて指で押し当てる。

2　フチからはみ出した生地は、麺棒を転がしてカットする。

3　180度のオーブンで約20分焼く。冷めたら、豆乳カスタードを敷き、いちごとブルーベリーを飾る。

4　粉寒天を水で煮溶かす。あら熱が取れたら、刷毛で表面に塗り、常温で固める。

レモンゼリー

レモンのさわやかな味と香りで、クール&さっぱりデザート

材料（4コ分）

レモン…………………1コ

　薄い輪切り…………4枚

　レモン汁…約大サジ1杯半

水…………………200ml

ゼラチン………………5g

はちみつ……………30g

1　水とはちみつを鍋に入れ、火にかける。軽く沸騰したら、火からはずす。ふやかしたゼラチンを加え、混ぜ合わせる。

2　あら熱が取れたら、レモン汁を加える。

3　容器に流し込み、薄い輪切りのレモンを浮かべる。冷蔵庫に入れて固める。

芋ようかん

なめらかな口あたりで上品な味わい。春のおもてなしに

材料(4〜6人分)
さつまいも…小1本(約200g)
粉寒天…4g
きび砂糖…30g
塩…少々
水…150ml

1　さつまいもの皮をむき、輪切りにして水にさらす。蒸し器でやわらかくなるまで中火で蒸す。

2　裏ごしする。フードプロセッサーを利用してもOK。

3　粉寒天を水で煮溶かし、その中にさつまいも、きび砂糖、塩を加え、弱火で煮る。水分を飛ばすように、かき混ぜ続ける。

4　木べらですくってポタポタと落ちるくらいになったら火から下ろす。あら熱を取り、ラップを敷いた型に流し込む。常温で固まる。

総務省の「家計調査年報」によれば、私たちの食生活は大きく変わったことがわかります。
1965年と2011年の家計について調べてみると、食費に対する米の割合は17%→3.1%に、調理食品は3%→12.6%に、外食は7%→19.3%になりました。

フルーツ大福

生地に触るとき、手に片栗粉をたっぷりつけるのがコツ

材料（16コ分）
白玉粉……………150g
きび砂糖……………30g
水………………180ml
小豆あん……………240g
（作り方は55頁参照）
フルーツ（いちご、キウイなど）
……………………適量
片栗粉……………60g

1　白玉粉、きび砂糖、水を鍋に入れ、もったりとした乳白色になるまで、かき混ぜながら煮る。

2　片栗粉を敷いたバットに生地を出し、上からも片栗粉をまぶす。

3　あら熱が取れたら16等分にする。手で生地を丸く広げ、小豆あんをその上に平らに置く。

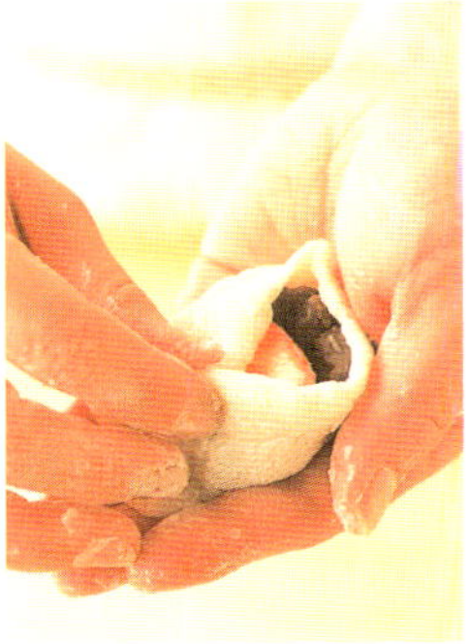

4　小豆あんの上に一口大のフルーツをのせて包む。とじ口が下にくるように。仕上げに片栗粉をはたく。

お赤飯

炊飯器を使えば意外と手軽に。お好みでごま塩を

材料

- もち米……………2合
- 米……………1合
- 小豆……………1/3カップ
- 水……………2カップ
- 小豆のゆで汁を合わせた水……………2.5カップ
- ごま塩
  - 黒ごま……………適量
  - 塩……………少々

※カップはすべて米用の計量カップを使用

1　もち米と米を一緒に洗い、ザルにあげて30分以上おく。

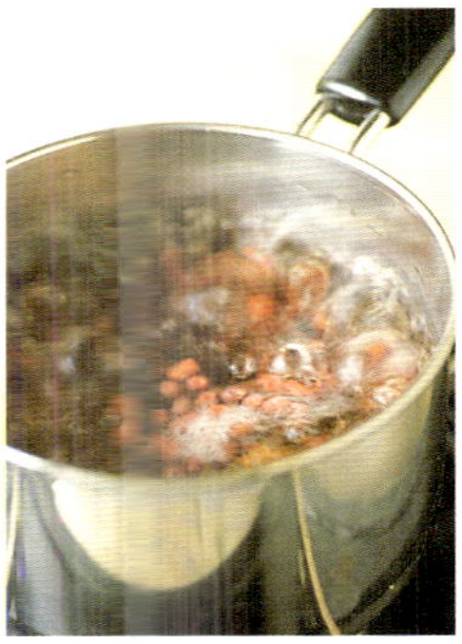

2　小豆は洗った後、アク抜きのために、たっぷりの水（分量外）でゆでる。沸騰したらザルに上げる。

3　新しく水（2カップ）を入れ直し、沸騰してから弱火で20分ほど煮る。やわらかくなる前に火を止めて、豆とゆで汁に分ける。

4　米と小豆を炊飯器に入れ、小豆のゆで汁を合わせた水で普通に炊く。

5　炊き上がったら、一度、さっくり混ぜ、また蓋を閉めて10分ほど蒸らす。

●特別レポート

子どものおやつ ―― 小児科医の目から

相澤扶美子

fumiko aizawa

最近、アレルギーの子どもたちが増えてきている。特に食べ物アレルギーが増えてきた。開業した16年前にはそれほど多くなく、食べ物アレルギーというのは特殊なケースかと思っていた。しかし、最近は乳児期から食べ物アレルギーによる重症のアトピー性皮膚炎の子どもが増え、ここ4、5年は特に顕著になった。また、小学校の内科校医をしていて感じることだが、毎年健診をしていて、体格のよい、というか、背丈に比べてややぽっちゃり型で運動が苦手そうな感じの子どもが年々増えている。それもこれも食べ物のせいかなと漠然と感じていた。

あるとき、保健所（福祉保健センター）の3歳児健診をしていてふと気づいたことがある。3歳児の1日の食べ物を書く欄がある。そこを見ていてはっとしたのだが、朝食にごはん、みそ汁と書いている人が少なく、ほとんどがパン食だ。おかずはハム、チーズ、目玉焼き。昼食は圧倒的にラーメン。夕食のメニューのトップはカレーライス。そして、好きなものの欄はチョコレート、アイスクリーム、ケーキ、嫌いなものの欄はやさい、さかな。

われわれの親世代、つまり昔の子どもだったら、好きなものはと聞かれたら、カレーライスやスパゲティであっただろうし、嫌いなものはと聞かれたらピーマンやにんじんなど単一野菜であったに違いない。好きなものに甘いお菓子類が出てくることも、嫌いなものはやさい、さかなと総称することもなかったと思う。やっぱり最近の子どもたちの体型やアレルギーなどの体質は食べ物に大いに関係ありと感じた。ごはんを食べなくなったこと、おかずは洋食系か手抜き、噛まないですむもの、そして甘いおやつ……油や砂糖だらけだ。おまけに加工品が多くなるから添加物も多くなる。

そこで数年前、園医をしている保育園の保護者や講演会に来てくださった方々（平成14年度5保育園、1幼稚園、1小学校の子どもを持つ母親387人（257人回答））に子どもの食事に関するアンケートについて協力してもらった。その結果の一部、おやつについて紹介する。

表1は子どもが喜ぶおやつである。せんべいが1位であるのは救いがあるが、それ以外は甘いおやつが中心である。それに比べて、お母さんが子どもに食べさせたいおやつ（表2）では、果物やいも類、おにぎり、小魚など自然のものが多く、洋菓子類にしても手作りのものを食べさせたいと思っている人が多い。誰もスナック菓子やケーキ類、チョコレート菓子を食べさせたいなどとは思っていない。小児期に作られる味覚は一生に影響する。その意味では、おやつで与えているものは、味覚の形成や咀嚼の発達に非常に影響する。甘いもの、油っこいもの、やわらかいものが好きになってしまうと、ふだんの食事も甘いものや油っこいもの、噛まないですむ食べ物が多くなってしまう。

子どものおやつは本来、「甘食」ではなく「間食」、つまり胃袋が小さい子どもに、3回の食事だけでは補えないための「間の食事」だ。だから、小さい食事として、おにぎりなどでよいのだ。しかし、最近は楽しみの要素が要求される。そうであればこそ、与えるものはなお気をつけたい。幼少時の味覚はその子の一生の味覚を決定する。小さいころ何を食べていたかで、一生健康でいられるか決定されるといっても過言ではない。子どもたちに責任はない。親が何を食べさせるかである。大事な時期に、いい味覚を形成してあげたいものである。

医療法人想愛会サンクリニック副院長
“未病を治す（病気になる前に治す）”をモットーに、
東洋医学と食事療法を取り入れた、
薬に頼らない治療を施す。小児科医歴25年。
一男二女、三人のお子さんを育てた。
長女の食物アレルギーをきっかけに、
アレルギー性疾患児の治療に積極的に取り組む。

about
the
children's
snack

[表1] 子どもが喜ぶおやつ

	3歳以下	4〜6歳	7歳以上
1位	せんべい	せんべい	せんべい
2位	ビスケット・クッキー	スナック菓子	ビスケット・クッキー
3位	果物	あめ・グミ・ガム	スナック菓子
4位	プリン・ババロア	チョコレート	あめ・グミ・ガム
5位	チョコレート	ヨーグルト・乳製品	果物

[表2] 子どもに食べさせたいおやつ

	3歳以下	4〜6歳	7歳以上
1位	果物	果物	いも類
2位	いも類	いも類	手作りおやつ
3位	ヨーグルト・乳製品	せんべい	果物
4位	おにぎり	ヨーグルト・乳製品	ヨーグルト・乳製品
5位	せんべい	小魚・するめ・煮干	せんべい

子どもの肥満やダイエットの低年齢化が社会問題となりつつある今。性別、年齢別、身長別標準体重から肥満傾向児や痩身傾向児を見極める計算式があります。

ご存じですか?

子どもの「肥満度」をはかる計算式

肥満度(過体重度)=

[実測体重(kg)ー身長別標準体重(kg)]÷身長別標準体重(kg)×100(%)

身長別標準体重(kg)=A×実測身長(cm)ーB

		年齢	5	6	7	8	9	10	11	12
係数	男	A	0.386	0.461	0.513	0.592	0.687	0.752	0.782	0.783
		B	23.699	32.382	38.878	48.804	61.390	70.461	75.106	75.642
	女	A	0.377	0.458	0.508	0.561	0.652	0.730	0.803	0.796
		B	22.750	32.079	38.367	45.006	56.992	68.091	78.846	76.934

肥満傾向児	
肥満度20%以上 30%未満	軽度
30%以上50%未満	中等度
50%以上	高度

痩身傾向児	
肥満度ー20%以上 ー30%未満	軽度
ー30%以上	高度

出典:財団法人日本学校保健会
『児童生徒の健康診断マニュアル(改訂版)』平成18年

材料別さくいん

●欄外の情報についての参考資料

P9
「食事バランスガイド」は、健康で豊かな食生活の実現を目的に策定された「食生活指針」(平成12年3月)を具体的に行動に結びつけるものとして、平成17年6月に農林水産省と厚生労働省により決定された。「食事の基本」を身につけるための望ましい食事のとり方やおおよその量をわかりやすく示している。

P11、16、18、24、28
『五訂増補　食品成分表2007』(女子栄養大学出版部)に基づく。

P32
『日本子ども資料年鑑2006』(KTC中央出版)に基づく。
資料:農林中央金庫「親から継ぐ『食』、育てる『食』」2005
調査対象は、首都20～50kmのドーナツ圏に居住する小学4年～中学3年生の男女400人(小学生200人、中学生200人、男女各200人)。平成16年11～12月、直接面接法による調査。「これまで料理や食べ物、食べ方について、主に誰からあるいはどんな方法で学んできたか」という問いへの複数回答。

P46
英通信監督局(OFCOM)発表。2007年2月23日、asahi.comに掲載。

おわりに

きっかけは、ひとりの男の子。

この子は生まれてまもなく卵アレルギーであることがわかりました。

「まさか自分の子どもがアレルギーなんて……」

信じられないという驚きと同時に、“待ったなし”ではじまるアレルギーとの闘い。試行錯誤する日々のなかで、この子のおかあさんが直面したのはおやつのことでした。子どもにとって“四度目の食事”ともいえるおやつ。市販の菓子類に頼ってばかりでいいの？　とはいえ、三度の食事ですら大変なのに、おやつまで手が回らない。

「アレルギーの子どもでも食べられて、しかも簡単に作れるおやつの本があったら……」

それが、この本を作ろうと思った最初の理由です。

おかあさん仲間に声をかけ、手作りおやつレシピを集めていくうちに、いろんなことが見えてきました。同じように子どものアレルギーで悩んでいる人、暮らしのなかで手作りを楽しんでいる人。ひとりのおかあさんからはじまった、「おやつの本をみんなで作ろうよ」の仲間は、どんどん増えていきました。

クチコミでいろいろなルートから集まった仲間が顔を揃えると、「あれ、あなたもこの仲間だったの？」。そんな楽しい偶然も……。そうして集まった40数名のおかあさんたち。それは、まるで“輪”を描くように、つながりあっているのでした。私たちが「おかあさんの輪」と称するのには、こんな理由があったのです。声をかけていくなかで、残念なこともありました。子どもの食生活に無頓着な人もいたのです。「だって、ウチの子はアレルギーじゃないから」。確かに、今は平気かもしれません。でも、だからといって、子どもが口に入れるものに無頓着でいいの？　「ウチは大丈夫」。そんな勝手な思いこみが、じつは、子どもの健康をむしばみ、やがてその子どもたちに、未来の子どもにまで、悪影響を及ぼしてしまうかもしれません。

「こういう人にこそ、子どもの“食”についてわかってもらいたい！」

それが、この本を心から作りたいと思ったもうひとつの理由です。

そして、ついに完成したのがこの本です。おかあさんたちが集まって、レシピを持ち寄り、試作を重ね、子どもたちと一緒に食べ比べたおやつ。そのなかで、とびっきりのものをここに集めました。子どもの健康を第一に、使う食材にはこだわりました。手作りが少々苦手な人にでも気軽に作ってもらえるように、調理方法は簡単なものを選びました。愛情たっぷり、家族みんなで作れるおやつもいっぱい。

「こんなおやつだったら、子どもに食べさせたいな」

そう思ってくだされば、この上なくハッピーです。

最後に、この本を作るにあたり、本当に多くの方々にご協力をいただきました。思いがあふれすぎて、ご迷惑をおかけしたこともたびたび……。この場をお借りして、お詫びするとともに、心より感謝の言葉を申し上げます。

どうもありがとうございました。

平成19年5月
おかあさんの輪一同

浅井祐子・安部真美・飯島みどり・池井真由美・上原浩子・漆本栄子・江原知子・沖 美和・河合淳子・杵渕容子・草薙由紀子・楠田桐子・久保村弘美・熊谷千秋・栗原 薫・後藤由紀子・佐藤智子・佐藤美咲・鈴木葉子・住本妙子・関根淳子・ソブド ミャンガンバヤル・千田美由紀・富安智子（アトリエカプラ）・豊島知子・中沢享子・中橋智子・中本万喜子・中山直美・萩原明美・花田隆子・土方雪絵・平岡啓子・平野三枝子・深田圭子・藤本富貴子・松岡かよ子（ななくさ家庭保育室）・松岡なぎさ・松永慶子・室作幸江・四井雅子・渡辺鈴香　（五十音順）

子どもに
食べさせたい
おやつ

子どもに食べさせたいおやつ

2007年6月15日　初版第1刷発行
2014年3月10日　第12刷発行

著者◯おかあさんの輪
編集・文◯室作幸江
アートディレクション・デザイン◯
　　シーワン
　　草薙伸行
撮影◯市来朋久（イメージ）
　　難波達己（手順）
イラスト◯長崎訓子
料理◯杵渕容子
発行者◯阪東宗文
発行所◯暮しの手帖社
東京都新宿区北新宿1-35-20
電話◯03-5338-6011
印刷所◯株式会社クリード

落丁・乱丁などがありましたらお取りかえいたします
定価はカバーに表示してあります

ISBN 978-4-7660-0152-5